SPOT

LOS SENTIMIENTOS

LA TRISTEZA

por Alissa Thielges

amicus LEARNING

llorar

fruncir el ceño

Busca estas palabras e imágenes mientras lees.

cabeza gacha

abrazar

La tristeza es un sentimiento. Significa que te sientes desanimado.

Sam se siente triste.
Se le rompió el juguete.
Frunce el ceño.

fruncir el ceño

cabeza gacha

Dan se siente dolido.
Sus amigos juegan sin él.
Siente una opresión en el pecho.
Tiene la cabeza gacha.

Bree se siente infeliz.
No puede ir al parque.
Pide un abrazo.

abrazar

llorar

Mary está muy triste.
Su perro murió.
Está llorando.

Está bien estar triste.
Puedes hablar con un adulto.
Puede ayudarte a sentirte mejor.

Las personas estamos tristes por diferentes motivos. ¿Qué te pone triste?

llorar

fruncir el ceño

¿Lo encontraste?

cabeza gacha

abrazar

Publicado por Amicus Learning, un sello de Amicus
P.O. Box 227, Mankato, MN 56002
www.amicuspublishing.us

Library of Congress Cataloging-in-Publication Data
Names: Thielges, Alissa, 1995- author.
Title: La tristeza / by Alissa Thielges.
Other titles: Sad. Spanish
Description: Mankato, MN : Amicus Learning, an imprint of Amicus, [2025] | Series: Los sentimientos | Audience: Ages 4–7 | Audience: Grades K–1 | Summary: "What makes kids feel sad? Translated into North American Spanish, encourage social-emotional learning with this beginning reader that introduces vocabulary for discussing feelings of sadness with an engaging search-and-find feature"— Provided by publisher.
Identifiers: LCCN 2024021954 (print) | LCCN 2024021955 (ebook) | ISBN 9798892002769 (library binding) | ISBN 9798892002820 (paperback) | ISBN 9798892002882 (ebook)
Subjects: LCSH: Sadness in children—Juvenile literature. | Sadness—Juvenile literature.
Classification: LCC BF723.S15 T5418 2025 (print) | LCC BF723.S15 (ebook) | DDC 155.4/124—dc23/eng/20240628
LC record available at https://lccn.loc.gov/2024021954
LC ebook record available at https://lccn.loc.gov/2024021955

Impreso en China

Ana Brauer, editora
Deb Miner, diseñador de la serie
Kim Pfeffer, diseñador de libro y investigación fotográfica

Créditos de Imagenes: Adobe Stock/polya_olya, cover; Alamy Stock Photo/Leonid Iastremskyi, 3; Freepik/leberus777, 14, mawats, 1, nimito, 6–7, Wavebreak Media, 12–13; Shutterstock/AAAstudios, 10–11, esthermm, 4–5, Tijana Moraca, 8